BEI GRIN MACHT SICH IHR WISSEN BEZAHLT

AF153663

- Wir veröffentlichen Ihre Hausarbeit, Bachelor- und Masterarbeit

- Ihr eigenes eBook und Buch - weltweit in allen wichtigen Shops

- Verdienen Sie an jedem Verkauf

Jetzt bei www.GRIN.com hochladen und kostenlos publizieren

Aspekte der betrieblichen Wertschöpfung

Bibliografische Information der Deutschen Nationalbibliothek:

Die Deutsche Nationalbibliothek verzeichnet diese Publikation in der Deutschen Nationalbibliografie; detaillierte bibliografische Daten sind im Internet über http://dnb.d-nb.de abrufbar.

ISBN: 9783346536914
Dieses Buch ist auch als E-Book erhältlich.

Druck und Bindung: Books on Demand GmbH, Norderstedt Germany
Gedruckt auf säurefreiem Papier aus verantwortungsvollen Quellen

Das vorliegende Werk wurde sorgfältig erarbeitet. Dennoch übernehmen Autoren und Verlag für die Richtigkeit von Angaben, Hinweisen, Links und Ratschlägen sowie eventuelle Druckfehler keine Haftung.

Das Buch bei GRIN: https://www.grin.com/document/1146392

Einsendeaufgabe

Ausgewählte Aspekte der betrieblichen Wertschöpfung

elektronisch eingereicht am 14. März 2018

Modul: Betriebliche Wertschöpfung
Studiengang: Betriebswirtschaft und Management

Inhaltsverzeichnis

Abbildungsverzeichnis

1 Materialwirtschaft und Logistik

1.1 Ziele

Um die Ziele der Materialwirtschaft und Logistik treffend nennen zu können, ist zuerst einmal eine Begriffsklärung notwendig. Diese gestaltet sich nicht gerade einfach, verfolgt man einmal die verschiedenen Entwicklungsstufen der Materialwirtschaft. Es finden sich eine Vielzahl beinahe analog verwendeter Begriffe wie Beschaffung, Logistik, Einkauf, Materialwirtschaft und Disposition, deren synonyme Verwendung jedoch fehlerhaft ist.[1]

Die Materialwirtschaft ist als Oberbegriff in dieser Kette zu verstehen. Sie meint den wirtschaftlichen Umgang mit Materialien und alle damit verbundenen Aktivitäten.[2]

Im engeren Sinne beschreibt die Materialwirtschaft die Materialbeschaffung und die Lagerung. Unter Beschaffung ist der Einkauf einschließlich Marktforschung, Angebotsvergleich, Auswahl der Lieferanten und Preisverhandlungen, sowie die Überführung der Waren in die Firma durch Bestellvorgang, Transportkontrolle und Wareneingangsprüfung zu verstehen.[3]

Im klassischen Sinne beschreibt die Materialwirtschaft neben Beschaffung und Lagerung auch den innerbetrieblichen Transport der Güter und die Materialplanung.[4]

Im weiteren Sinne kommt zu den genannten Aufgaben noch die interne und externe Warenverteilung bis hin zum Kunden dazu. Damit ist auch das umfangreiche Gebiet der Logistik ein Teil der Materialwirtschaft.[5] Durch das steigende Umweltbewusstsein in der Bevölkerung, den möglichen Imagegewinn und gesetzliche Regelungen enthält die weiter gefasste Definition auch die

---

[1] Vgl. Schulte, C.: 1999, S. 1
[2] Vgl. Kluck, D./Prill, M.-A./Ornau, F.: 2014, S. 11
[3] Vgl. Kluck, D./Prill, M.-A./Ornau, F.: 2014, S. 11
[4] Vgl. Kluck, D./Prill, M.-A./Ornau, F.: 2014, S. 11
[5] Vgl. Kluck, D./Prill, M.-A./Ornau, F.: 2014, S. 11

Entsorgung einschließlich ihrer Teilfunktionen wie beispielsweise Rückführung und Beseitigung.[6]

Ein letztes Mal erweitert wird der Begriff Materialwirtschaft noch um das Feld der Steuerungsaufgaben, sodass im Ergebnis der umfassendste Begriff, die „integrierte Materialwirtschaft" geprägt wird.[7] Es ist festzustellen, dass die Materialwirtschaft aus den Bereichen Beschaffung, Lagerung, Materialbedarfsplanung, Logistik und Entsorgung besteht. Deren Ziele stellen dann zusammengefasst die Ziele der Materialwirtschaft dar.

Ein sehr verständlicher Ausgangspunkt für die Ziele der Materialwirtschaft und Logistik sind die „6 R's": Das Material muss in der richtigen Menge, in der richtigen Sorte, in der richtigen Qualität, zum richtigen Zeitpunkt am richtigen Ort sein, und das alles zu den richtigen Kosten.[8]

Die richtige Menge versteht sich als Ziel der Materialbedarfsplanung.[9] Die Materialwirtschaft hat damit eine hohe Verantwortung, die sich stark auf die Produktion im Unternehmen auswirkt. Denn nur durch Vorhandensein der benötigten Roh-, Betriebs- und Hilfsstoffe und der Bauteile ist ein wirtschaftliches Arbeiten in der Fertigung möglich; hohe Fehlmengenkosten durch Stillstände und Lieferverzug gilt es unbedingt zu vermeiden.[10] Auch der Bereich Lagerung kann mit angemessenem Wirtschaften beitragen und für einen angemessenen Ausgleich zwischen asynchronen Abläufen sorgen.[11]

Die Bereitstellung von Materialien in der richtigen Sorte ist vor allem Ziel des Bereiches Beschaffung.[12] Dort werden Beschaffungsmärkte bearbeitet, analysiert und gesichert. Es wird nach passendem Material mit den richtigen Kriterien gesucht, zuverlässige und kooperative Partner werden kontaktiert und günstigstenfalls eine langfristige Zusammenarbeit erwirkt.[13] Es werden jedoch auch Entscheidungen zu möglichen Substitutionsprodukten oder der Verringerung der Fertigungstiefe angestoßen.[14] Obgleich die Verringerung der

---

[6] Vgl. Schulte, C.: 1999, S. 415-417
[7] Vgl. Kluck, D./Prill, M.-A./Ornau, F.: 2014, S. 12
[8] Vgl. Kluck, D./Prill, M.-A./Ornau, F.: 2014, S. 17
[9] Vgl. Kluck, D./Prill, M.-A./Ornau, F.: 2014, S. 57
[10] Vgl. Kluck, D./Prill, M.-A./Ornau, F.: 2014, S. 85
[11] Vgl. Kluck, D./Prill, M.-A./Ornau, F.: 2014, S. 105
[12] Vgl. Wannenwetsch, H.: 2010, S. 115
[13] Vgl. Kluck, D./Prill, M.-A./Ornau, F.: 2014, S. 16
[14] Vgl. Kluck, D./Prill, M.-A./Ornau, F.: 2014, S. 17

Fertigungstiefe auch Risiken birgt, wird immer mehr dazu hingegangen, sich innerhalb des Unternehmens auf seine Kernkompetenzen zu konzentrieren, sodass tendenziell mehr fertig vormontierte Bauteile zuzukaufen sind.[15] Die Beschaffung kann geeignete Teile identifizieren und Lieferanten aktivieren.

Für die richtige Qualität des Materials ist nicht nur der Bereich Beschaffung durch die Wareneingangskontrolle und treffende Auswahl der Lieferanten verantwortlich[16], sondern auch der Bereich Lagerung entscheidend. Geht man einmal weg von der Metall- und Autoindustrie, und versetzt sich in die Situation eines Lebensmittelproduzenten. Die Lagerung bestimmt die Gesamtumstände des „wartenden Materials". Lebensmittel sollten also unbedingt bei den richtigen Temperaturen und gegebenenfalls den richtigen Licht- und Feuchteverhältnissen gelagert werden, und durch richtige Steuerung auch nur für eine begrenzte Dauer. Dadurch werden die sonstigen Kosten innerhalb der Lagerhaltungskosten gering gehalten und die passende Qualität gewahrt.[17]

Ziel der Logistik ist es, die Waren zur richtigen Zeit und am richtigen Ort bereitzustellen. Hier sind wettbewerbsentscheidend die Stichworte Lieferzeit, Lieferzuverlässigkeit, Lieferflexibilität, Lieferqualität und Informationsfähigkeit zu nennen. Gemeint ist damit die Zeitdauer zwischen Auftragserteilung und Verfügbarkeit der Ware beim Kunden, die Termin- und Liefertreue des Unternehmens, die Fähigkeit, auf Sonderwünsche des Kunden einzugehen, die Genauigkeit der kommissionierten Waren nach Art und Menge, und die Möglichkeit des Kunden, seine Lieferung nachzuverfolgen und bei Problemen eine zufriedenstellende Klärung zu erwirken.[18] Auch zu nennen ist die produktions- und unternehmensinterne Logistik, die mit Ihrer Steuerung die Produktion aufrechterhält.

Das umfassendste Ziel ist natürlich die Erreichung des richtigen Kostengrades. Die Verantwortlichkeit liegt hier bei allen Bereichen gleichermaßen. Die Beschaffung hat mit günstigen Einstandspreisen beizusteuern[19], die Lagerung durch Ihre Grundsatzentscheidungen zu Lagerstandorten und möglichst

---

[15] Vgl. Kluck, D./Prill, M.-A./Ornau, F.: 2014, S. 22
[16] Vgl. Schulte, C.: 1999, S. 220-221
[17] Vgl. Kluck, D./Prill, M.-A./Ornau, F.: 2014, S. 70
[18] Vgl. Schulte, C.: 1999, S. 7-8
[19] Vgl. Kluck, D./Prill, M.-A./Ornau, F.: 2014, S. 17

geringen Lagerhaltungskosten[20], die Materialbedarfsplanung kann darauf einwirken geringe Kapitalbindungskosten zu verursachen und möglichst wenig Sicherheitsbestände vorzuhalten. Auch im Bereich Logistik gibt es enorme Potentiale, beispielsweise durch die Wahl geeigneter Beförderungsmittel[21] oder restloser Ausnutzung der Kapazitäten[22]. Der Weg der Rohstoffe vom Lieferanten, der Material- und Warenfluss innerhalb der Produktion, und die Auslieferung an den Kunden beziehungsweise ans Lager muss wirtschaftlich gestaltet werden.[23]

Zuletzt sei noch kurz auf die Entsorgung eingegangen: Dieser vergleichsweise erst seit Kurzem intensiver betrachtete Bestandteil der Materialwirtschaft läuft als Parallele, als Einzelfaktor in jedem der Bereiche zusätzlich ab. Durch Rückgewinnung von Rohstoffen kann beispielsweise die Beschaffung positiv beeinflusst werden, Achtsamkeit bei Forschung und Entwicklung kann die Verwendung umweltfreundlicher und/oder kostengünstiger Materialien bedingen, es können sich jedoch durch die Notwendigkeit von Sammlung und Transport der Stoffe auch Herausforderungen für die Logistik ergeben.[24]

1.2 Zielkonflikte und Lösungsansätze

Zielkonflikte ergeben sich aus den unterschiedlichen Zielsetzungen der einzelnen Bereiche.[25] Während der Vertrieb einen hohen Lagerbestand an fertigen Produkten anstrebt, um immer sofort allen Kundenwünschen nachzukommen, steigert dies die Lagerkosten und damit die Kapitalbindungskosten. Ähnlich verhält es sich bei der Analyse der Lagerstandorte. Eine dezentrale Lösung kann den Vorteil bringen, nah am Kunden zu sein und Auslieferungszeiten zu verkürzen, was zu höherer Kundenzufriedenheit führt. Jedoch entstehen auch dadurch höhere Lagerkosten. Eine große Kundengruppe kann von der Absatzseite besser angesprochen werden, wenn möglichst viele Produktvariationen vorliegen. Die Produktionslogistik arbeitet hingegen auf die

---

[20] Vgl. Kluck, D./Prill, M.-A./Ornau, F.: 2014, S. 109-111
[21] Vgl. Kluck, D./Prill, M.-A./Ornau, F.: 2014, S. 96
[22] Vgl. Kluck, D./Prill, M.-A./Ornau, F.: 2014, S. 88
[23] Vgl. Kluck, D./Prill, M.-A./Ornau, F.: 2014, S. 85
[24] Vgl. Schulte, C.: 1999, S. 415
[25] Vgl. Schulte, C.: 1999, S. 11

Vereinfachung und Verschlankung von Prozessen hin, die vor allem durch Standardisierung herbeizuführen ist. Ein Ziel der Beschaffung ist es, möglichst große Mengen zu ordern. Damit kann die Kapazitätsauslastung beim Transport verbessert werden, günstige Einstandspreise sind eher verhandelbar, die Marktmacht wächst. Dem stehen wiederum hohe Lagerkosten entgegen. Im Bereich der Entwicklung muss man mit dem Marktgeschehen mithalten, stets aktuelle Produkte entwerfen und vorhalten. Dies erschwert jedoch die Vereinheitlichung der Fertigung und führt häufig dazu, dass bereits vorrätige Rohstoffe und Bauteile keine weitere Verwendung finden können. Es entstehen Verschrottungskosten und die sonstigen Kosten steigen, welche sich dann negativ auf die Lagerhaltungskosten auswirken.[26]

Bei der Findung von Lösungsansätzen ist darauf zu achten, dass nicht durch Verstreuung materialwirtschaftlicher Aktivitäten nur isolierte Bereichsziele optimiert werden. Vielmehr sollten ganzheitliche Lösungen gefunden werden, auch wenn dies nicht immer in Perfektion möglich sein wird.[27]

Zuallererst gilt es zu analysieren, ob es im eigenen Unternehmen überhaupt notwendig ist, sich ausführlich und damit kostenintensiv mit Lösungsansätzen auseinanderzusetzen. Führt man ein Unternehmen, welches hochspezialisierte Waren in Monopol-Stellung anbietet, muss man keinen hohen Lagerbestand vorhalten, der Kunde wird eine gewisse Wartezeit in Kauf nehmen.[28] Ein weiteres Beispiel wäre die Materialwirtschaft im Krankenhaus. Hier könnten Fehlmengen derart fatale Auswirkungen haben, dass man bei bestimmten Gütern überhaupt nicht prüfen muss, ob Lagerbestände gesenkt werden können, man nimmt die höheren Lagerkosten in Kauf.[29] Sollte man jedoch nicht im Wirkungskreis eines solchen Ausnahme-Unternehmens tätig sein, so könnten die nachfolgenden Ansätze Anwendung finden.

Ein Ansatz zur Lösung wird im Outsourcing von Transport und Lagerhaltung gesehen. Hierbei werden Aufgaben, Verantwortungen und Kosten direkt auf einen Logistikdienstleister übertragen.[30]

---

[26] Vgl. Schulte, C.: 1999, S. 11-12; Wannenwetsch, H.: 2010, S. 23
[27] Vgl. Schulte, C.: 1999, S. 11
[28] Vgl. Kade-Lamprecht, E.: 2013, S. 53
[29] Vgl. Kluck, D./Prill, M.-A./Ornau, F.: 2014, S. 122
[30] Vgl. Kluck, D./Prill, M.-A./Ornau, F.: 2014, S. 25 und S. 86-87

Durch die Umstellung auf die produktionssynchrone Beschaffung, das sogenannte „Just-in-Time"-Konzept, können Lagerbestände und damit Lager- und Kapitalbindungskosten ebenfalls reduziert werden, wobei dieses aus ökologischer Sicht nicht unumstritten ist.[31]

Im direkten Zusammenhang mit den immer besseren Möglichkeiten der elektronischen Datenverarbeitung ist das „Supply-Chain-Management" entstanden. Prozessanalysen ergeben Prozessverbesserungen, wodurch sich Optimierungsmöglichkeiten aufzeigen und so beispielsweise ein geringerer Lagerbestand bei gleicher Lieferzeit ermöglicht wird.[32]

Abschließend kann man sagen, dass die in Frage kommenden Lösungsansätze stark von den tatsächlichen Gegebenheiten im betrachteten Unternehmen abhängen. Da die Möglichkeiten durch elektronische Datenverarbeitung und Vernetzung durch Internet bei Weitem noch nicht ausgeschöpft sind, werden zukünftig weitere Optimierungsansätze entstehen.

---

[31] Vgl. Schulte, C.: 1999, S. 238 und S. 246-248
[32] Vgl. Kluck, D./Prill, M.-A./Ornau, F.: 2014, S. 32

2 Global Sourcing

2.1 Definition

Unter „Global Sourcing" versteht man die Gesamtheit von weltweit angewendeten Strategien zur Erschließung und Nutzung von Rohstoffen und Kapazitäten.[33]

So lautet eine Definition. So korrekt wird aber nicht in jeder Quelle ausgeführt. Häufig wird Global Sourcing nur als internationaler Einkauf verstanden.[34] Dies würdigt jedoch den hohen Aufwand an Informations-, Analyse- und Optimierungsarbeiten nicht im Geringsten.

Zutreffender ist da die Beschreibung von Schulte: „Als Strategie des Versorgungsmanagements umfasst Global Sourcing die internationale Marktbearbeitung im Sinne einer systematischen Ausdehnung der Beschaffungspolitik auf internationale Beschaffungsquellen unter strategischer Ausrichtung."[35]

Ähnlich gerichtet ist die Definition, wonach es beim Global Sourcing um das systematische Beschaffungsmarketing auf den Weltmärkten unter Berücksichtigung unternehmensinterner Gesichtspunkte zur Ausnutzung globaler Wettbewerbsvorteile geht.[36]

Global Sourcing ist jedenfalls um ein Vielfaches umfangreicher als eine reine „just go China"-Strategie. Einkäufe auf internationalen Beschaffungsmärkten sind nur das Ergebnis der Strategie und bilden für sich genommen noch keine Garantie für die Qualität der Beschaffungspolitik. Einzubinden in diesen Prozess sind neben der Materialwirtschaft auch alle anderen Unternehmensteile wie die Produktion oder der Vertrieb.[37]

[33] Vgl. Duden (2018)
[34] Vgl. Wannenwetsch, H.: 2010, S. 169
[35] Schulte, C.: 1999, S. 229
[36] Vgl. Piontek, J.: 1997, S. 20
[37] Vgl. Wildemann, H.: 2006, S. 253

2.2 Zielsetzungen und Einführung

Durch die Einführung des Global Sourcing können neben der reinen Kosteneinsparung durch günstigere Einkaufspreise weitere Ziele verbunden sein. Zum einen gibt es Produkte, die auf dem klassischen Beschaffungsmarkt zunehmend knapp werden, sodass das Global Sourcing zur Sicherstellung der Verfügbarkeit umgesetzt werden muss.[38] Auch Waren, die saisonbedingt nicht verfügbar sind oder aufgrund der natürlichen Umstände in Deutschland nicht oder nicht mehr vorhanden sind, müssen über internationale Beschaffung erworben werden. Hierzu zählen beispielsweise tropische Früchte, frisches Obst während der Wintermonate oder Rohstoffe, die in Deutschland einfach nicht vorkommen.[39] Auch um die reine Abhängigkeit von den lokalen Anbietern oder bereits kooperierenden ausländischen Anbietern zu reduzieren, kann Global Sourcing hilfreich sein.[40] Dies kann zum einen der Risikominimierung dienen, da Unternehmen durch Insolvenz oder Havarien, Naturkatastrophen oder Klimaschwankungen ausfallen können.[41] Zum anderen steigert die Möglichkeit, den Lieferanten flexibel wechseln zu können, den Preisdruck und damit die Wettbewerbsbemühungen untereinander.[42] Global Sourcing kann aber auch die Entdeckung beziehungsweise die Einführung neuer Technologien bedingen, da mehr Kontakte zu verschiedensten Firmen gehalten werden und der Beschaffungsmarkt stärker bearbeitet wird. Weiterentwickelte Produkte aus allen Ländern der Welt können dadurch in eine Unternehmung einfließen.[43] Als letztes sei die reine Erhöhung der Auswahlmöglichkeiten genannt. Hier können schon kleinste Unterschiede der Produkte zu Präferenzen und somit zum vollständigen Wechsel des Lieferanten führen.[44]

Elementare Voraussetzung für die erfolgreiche Umsetzung im Unternehmen ist die Erkenntnis, dass es nicht „die eine" richtige Strategie gibt. Nur wenn anhand ausführlicher Recherche im Vorfeld die richtigen Grundlagen geschaffen worden

---

[38] Vgl. Piontek, J.: 1997, S. 27
[39] Vgl. Piontek, J.: 1997, S. 27-28
[40] Vgl. Piontek, J.: 1997, S. 27
[41] Vgl. Piontek, J.: 1997, S. 28-29
[42] Vgl. Piontek, J.: 1997, S. 20
[43] Vgl. Schulte, C.: 1999, S. 230
[44] Vgl. Piontek, J.: 1997, S. 27

sind, bringt Global Sourcing auch Vorteile.[45] Und dafür kostet es erst einmal qualifiziertes Personal[46], welches sich intensiv und zeitaufwändig mit gewissen Fragestellungen auseinandersetzt.[47]

Eine der grundlegenden Fragen lautet: Welche Güter eignen sich überhaupt für Global Sourcing? Welche Teile benötigt mein Unternehmen, und wie hoch ist der Verbrauch?[48] Für tendenziell wenig genutzte Güter bietet sich Global Sourcing regelmäßig nicht an[49], die Transaktionskosten und sonstigen Kosten sind einfach zu hoch. Gut geeignet sind in erster Linie möglichst wenig komplexe Waren.[50] Auch sehr große, sehr sperrige oder sehr schwere Teile sind nur im Ausnahmefall geeignet. Es sollte unbedingt ein Risikomanagement geben, welches sich mit Versorgungsrisiken und deren Lösungen beschäftigt.[51] Für die konkrete Beantwortung der genannten Fragen können die ABC- und die XYZ-Analyse oder eine Portfolio-Betrachtung hilfreich sein.[52]

Als nächstes ist eine Analyse der Beschaffungsquelle angezeigt. Hier gilt es unter anderem zu prüfen, woraus der potentiell günstige Preis resultiert, denn Lohnkosten und Rohstoffpreise können auch in anderen Ländern steigen.[53] Neben wichtigen politischen und rechtlichen Faktoren im Bezugsland müssen allgemeine Faktoren des Marktes betrachtet werden. Hier sind zum Beispiel mögliche Eintrittsbarrieren, die Verfügbarkeit von qualifiziertem, korruptionsresistentem Personal und die Infrastruktur zu beleuchten.[54] Auch die Anbindung an das Internet ist wichtig[55], und mögliche Sprachbarrieren nicht zu vernachlässigen.[56] Nicht nur Land und Markt müssen im Vorfeld analysiert werden, auch der einzelne Lieferant ist zu prüfen. Ist das Qualitätsniveau gleichbleibend?[57] Wie sind die Fertigungsanlagen aufgestellt? Kann mit der Weiterentwicklung Schritt gehalten werden? Um einem möglichen Verlust des

---

[45] Vgl. Wildemann, H.: 2006, S. 267
[46] Vgl. Wildemann, H.: 2006, S. 253
[47] Vgl. Wildemann, H.: 2006, S. 267
[48] Vgl. Wildemann, H.: 2006, S. 254
[49] Vgl. Wildemann, H.: 2006, S. 258
[50] Vgl. Schulte, C.: 1999, S. 231
[51] Vgl. Wildemann, H.: 2006, S. 255
[52] Vgl. Zeuch, M.: 1998
[53] Vgl. Wannenwetsch, H.: 2010, S. 171
[54] Vgl. Wildemann, H.: 2006, S. 256
[55] Vgl. Schulte, C.: 1999, S. 232
[56] Vgl. Kluck, D./Prill, M.-A./Ornau, F.: 2014, S. 29
[57] Vgl. Wannenwetsch, H.: 2010, S. 169

Ansehens vorzubeugen, sollten auch die ethischen Aspekte Mensch und Natur beleuchtet werden. Schon mehrere Unternehmen haben Image-Schäden durch schlechte Arbeitsbedingungen der Mitarbeiter, Hungerlöhne, grobe Umweltverschmutzungen und ethische Fehltritte erlitten.[58]

Hat man also Güter gefunden, die sich für Global Sourcing eignen, sowie einen Lieferanten, der die Anforderungen erfüllen kann und in einem entsprechenden Umfeld wirtschaftet, so sollte man seine Analyseergebnisse gegenüberstellen. Werden unter Berücksichtigung der Kostenfaktoren Verpackung und Lieferung, Steuern, Zölle sowie weiterer etwaiger Kosten tatsächliche Kosteneinsparungen generiert?[59] Bei der Umsetzung der Strategie ist besondere Sorgfalt und Verantwortung gefordert.[60]

2.3 Zusammenfassung

Horst Wildemann stellt in seinem Artikel „Global Sourcing – Erfolg versprechende Strategieableitung" unter anderem eine Fallstudie vor, welche die Analyse und Optimierung eines weltweiten Lieferantennetzwerkes anhand eines Unternehmens aus der Automobilindustrie beschreibt. Ausgangspunkt ist ein bereits stark global ausgerichtetes Unternehmen mit internationalen Fertigungsstandorten, in welchem zusätzliche Potentiale aufgedeckt werden sollten. Von den bereits bestehenden Lieferstrukturen sollte nicht abgewichen werden. Pilotbereich war der elektrische Antriebsstrang beziehungsweise die Motorsteuerung.

Es wurde ein dreistufiges Vorgehen ausgearbeitet. Im ersten Schritt war die Ausgangssituation zu analysieren und zu bewerten. Mithilfe mehrerer Filter wurden aus der Vielzahl unterschiedlicher Systeme fünf Pilotsysteme herausgearbeitet, die Potential für Verbesserung verhießen.

---

[58] Vgl. Heide, D., (2013)
[59] Vgl. Schulte, C.: 1999, S. 230
[60] Vgl. Wildemann, H.: 2006, S. 259

Die aktuelle Beschaffungssituation sollte im zweiten Schritt analysiert werden. Schwerpunkt dafür bildeten die Preisstruktur, die bestehende Tier-Struktur und der bestehende „Global Footprint". Anhand der analysierten Daten wurde ein Portfolio für die ausgewählten Systeme erstellt, welches aufgrund der spezifischen Anforderungen leicht modifiziert worden ist. Das Ergebnis stellte eine Ist- und Soll-Gegenüberstellung dar.

Auf dessen Grundlage wurden in Schritt drei verschiedene Workshops abgehalten, in denen zunächst die bestehenden Potentiale thematisiert worden sind, und mögliche Maßnahmen zur Realisierung besprochen worden. Die Quantifizierung der tatsächlichen Einsparpotentiale und die Verabschiedung eines verbindlichen Umsetzungsplanes erfolgten im Rahmen einer weiteren Veranstaltung nach einer gewissen Bearbeitungszeit. Durch die Untersuchung ergaben sich Preisreduzierungen zwischen 9 und 13 Prozent, bezogen auf den jeweiligen Basispreis.[61]

---

[61] Vgl. Wildemann, H.: 2006, S. 259-263

3 Leistungstypen der Produktion

Von Leistungstypen der Produktion spricht man bei der Differenzierung der Produktionsprozesse nach Mengenleistung. Es wird unterschieden nach den Extremformen Einzelfertigung und Massenfertigung, und den Zwischenformen Sortenfertigung, Serienfertigung und Chargenfertigung.

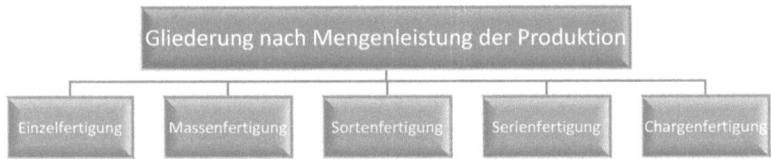

Abbildung 1: Leistungstypen der Produktion
Eigene Darstellung, in Anlehnung an Blohm, H. et al: 2016, S. 283

3.1 Einzelfertigung

Von Einzelfertigung spricht man bei der einmaligen oder sehr seltenen Fertigung eines Produktes. Hier wird speziell nach Kundenwünschen oder für Lageraufträge gefertigt. Der Planungs- und Organisationsaufwand ist sehr hoch, jedes Detail muss mit dem Kunden abgesprochen sein.[62]

Die Einzelfertigung ist zumeist kostspielig. Vorbereitungsarbeiten, etwaige Flächen, Fachkräfte und Rohstoffe können nur auf das eine oder die sehr wenigen Produkte umgeschlagen werden, zumeist sind Expertenkenntnisse oder zumindest sehr gut ausgebildetes Personal erforderlich.[63] Kosteneinsparungen durch Optimierungen oder Lerneffekte können kaum entstehen.[64] Oft handelt es sich um sehr komplexe Produkte, was den hohen Vorbereitungs- und Planungsaufwand begründet. Die Einzelfertigung muss flexibel fertigen können, um den Erwartungen und Bedürfnissen des Kunden gerecht zu werden.

---

[62] Vgl. Blohm, H. et al: 2016, S. 283
[63] Vgl. Welt der BWL (2018)
[64] Vgl. Blohm, H. et al: 2016, S. 283

Beispiele finden sich im Großmaschinen- und Schiffsbau und in der Bauwirtschaft. Gemeint sind Luxusschiffe wie solche der Firma Aida oder einzigartige Hochhäuser und Brücken wie „The Shard" und die „Millenium Bridge" in London.

3.2 Massenfertigung

Die Massenfertigung ist neben der Einzelfertigung die zweite Extremform der Produktionsprozesse nach Mengenleistung. Hier wird ein Erzeugnis in großen Mengen und über einen langen Zeitraum vollkommen identisch hergestellt.[65] Die Produktion erfolgt für einen anonymen Markt.[66]

Die Produktionsverfahren sind sehr stark standardisiert, häufig ist die Fließfertigung anzutreffen. Dies führt einerseits dazu, dass ungelerntes oder wenig ausgebildetes Personal eingesetzt werden kann, was sich günstig auf die Preisbildung auswirkt, andererseits entstehen hohe Kosten für die Produktionsanlagen. Die Massenfertigung liefert die vergleichsweise kostengünstigsten Erzeugnisse. Problematisch ist jedoch die kaum vorhandene Flexibilität. Ein Abweichen von den homogenen Produkten ist kaum möglich; müssen grundsätzliche Änderungen am Erzeugnis vorgenommen werden, entstehen für die Umrüstung der Anlagen enorme Kosten.

Die Produktion von Schrauben und Autoreifen sind Beispiele.[67] Aber auch die Produktion von Strom oder Konsumgütern wie Bier, Cola oder Mineralwasser können genannt werden.[68]

---

[65] Vgl. Blohm, H. et al: 2016, S. 283
[66] Kade-Lamprecht, E.: 2013, S. 18
[67] Vgl. Wannenwetsch, H.: 2010, S. 522
[68] Vgl. Böing, N. (2018)

3.3 Sortenfertigung

Die Sortenfertigung ist die eine der drei Zwischenformen aus Einzel- und Massenfertigung, und am stärksten an die Massenfertigung angelehnt.[69] Die Differenzierung der drei Zwischenformen wird durch die teilweise geringen Unterschiede erschwert. Unter Sortenfertigung versteht man die Produktion qualitativ verwandter und fertigungstechnisch größtenteils gleichartiger Güter in größeren Mengen.[70]

Da hier ähnlich der Massenfertigung immer noch ein hoher Standardisierungsgrad vorherrscht, können die Produkte noch recht kostengünstig hergestellt werden. Die Sortenfertigung ist jedoch flexibler und eher an die Verschiedenartigkeit der Nachfrager angepasst. Anspruchsvoll ist die Wahl der richtigen Losgröße.[71]

In der Lebensmittelindustrie findet man häufig die Sortenfertigung; um allen Geschmäckern des Kunden nachzukommen wird Joghurt in den verschiedensten Geschmacksrichtungen produziert, auch zu nennen sind Konfitüren und verschiedene Biersorten.[72]

3.4 Serienfertigung

Die zweite Zwischenform ist die Serienfertigung. Auch hier werden qualitativ verwandte Produkte hergestellt, allerdings unterscheidet sich der Herstellungsprozess hier deutlicher voneinander. Man prägt die Begriffe Klein-, Mittel und Großserienfertigung, wobei die Kleinserienfertigung der Einzelfertigung sehr nahekommt.[73] Je nach Seriengröße sind auch die Merkmale dieser Fertigungsform recht unterschiedlich.

---

[69] Vgl. Schneeweiß, C.: 1987, S. 11
[70] Vgl. Blohm, H. et al: 2016, S. 283
[71] Vgl. Wirtschaftslexikon24.com - Sortenfertigung (2018)
[72] Vgl. Wirtschaftslexikon24.com - Sortenfertigung (2018)
[73] Vgl. Schneeweiß, C.: 1987, S. 11

Die Kosten einer Großserienfertigung sind im Vergleich zu den Kosten der Einzelfertigung noch als deutlich geringer zu betrachten. Verglichen mit der reinen Massenfertigung entstehen jedoch höhere Kosten, unter anderem durch aufwändigere Planungsprozesse und Rüstkosten. Die Serienfertigung ist flexibler als die Massenfertigung, aber starrer als die Einzelfertigung.

In der Maschinenherstellung finden sich regelmäßig Serienfertigungsanlagen, auch der Automobil- und Fahrzeugbau ist aufzuführen.[74]

3.5 Chargenfertigung

Die Chargenfertigung ist eine Sonderform der Sorten- und Serienfertigung. Charakteristisch ist die ungewollte Differenzierung der Produkte[75], welche durch technische oder natürliche Gegebenheiten entsteht.

Um die Abweichungen der diskontinuierlichen Produktion möglichst gering zu halten, sind umfangreiche Maßnahmen zur Qualitätssicherung angezeigt. Aufwändige Reinigungsarbeiten der Produktionsanlagen bedingen Stillstände und binden Material sowie Personal, während zwischenzeitlich keine wertschöpfende Produktion stattfinden kann. Die Kosten für etwaige Restbestände, die aufgrund zu geringer Lagerbestände nicht mehr verkauft werden können, müssen auf den Preis der verkauften Güter aufgeschlagen werden. Durch die speziellen und komplexen Arbeitsschritte ist der Produktionsprozess recht unflexibel.[76]

Bekanntestes Beispiel dürften Tapeten und Fliesen sein. Unterschiedliche Ausgangsstoffe wie Papier oder Ton und Stein nehmen Farben und Chemikalien unterschiedlich gut auf und unterscheiden sich im Ergebnis. Auch Lacke unterscheiden sich sehr stark, was zu erheblichen Problemen in Lackierereien führt. Whiskey und Wein kann man ebenfalls der Chargenfertigung zuordnen.

[74] Vgl. Wirtschaftslexikon24.com - Serienfertigung (2018)
[75] Vgl. Blohm, H. et al: 2016, S. 283
[76] Vgl. Wirtschaftslexikon24.com - Chargenfertigung (2018)

4 Toyota

4.1 Grundphilosophie

„The Toyota Way". Fast schon mit Erfolgsgarantie beschrieben, hat sich der japanische Automobilkonzern Toyota durch wirtschaftlich schwere Jahre zum zweitgrößten Automobilhersteller der Welt gemausert. Dabei ist Toyota noch weitaus profitabler als die Konkurrenz.[77]

Toyotas Philosophie ist aber auch eine Wissenschaft für sich, und ermöglicht die verheißenen Erfolge nur über eine langfristige, bedachte, permanente und umfangreiche Vorgehensweise.

Der Toyota-Way basiert grundlegend auf zwei Säulen. Zum einen ist dies die kontinuierliche Verbesserung, elementar geprägt durch den Begriff „Kaizen", zum anderen die Achtung des Menschen.[78] Zur kontinuierlichen Verbesserung lassen sich alle materiellen Ansätze zuordnen, während die Achtung des Menschen eher die Personalpolitik, die Betrachtungsweise des Standpunktes des Menschen im Unternehmen umfasst. Der Mensch spielt hier im Unternehmen eine erstaunlich große Rolle. Meist ist es eher der Fall, dass bei der Umsetzung potentieller Verbesserungen der wirtschaftliche Nutzen im Vordergrund steht.

Die Lehre von Toyotas Produktionssystem, seine Fertigungsphilosophie, wird hingegen regelmäßig als ein Haus beschrieben. Diese Darstellung ist sehr treffend, jedoch muss die äußere Struktur auf jedes Unternehmen, dass sich den Lehren von Toyota anschließen will, individuell angepasst werden – so wie jedes Haus nach außen hin anders aussieht. Der Grundpfeiler muss hingegen gleich bleiben. Ein Haus ist nur ein Haus, wenn es ein Dach besitzt, wie auch immer sich dieses gestaltet. Ohne ein solides Fundament hat das Haus keinen sicheren Stand, und ohne tragfähige Statik droht es einzustürzen. Toyotas Dach sind seine Ziele, die es zu verfolgen und zu erreichen gilt: hohe Qualität, niedrige Kosten, kurze Durchlaufzeiten, Sicherheit und Umwelt/Arbeitsmoral.[79] Außerdem

---

[77] Vgl. Liker, J. K.: 2013, 1. Kapitel, 2. Absatz zitiert nach
[78] Vgl. Toyota Material Handling, 2010, S. 4
[79] Vgl. Toyota Material Handling, 2010, S. 5; Liker, J. K.: 2013, 3. Kapitel, Absatz „Das Diagramm „TPS-Haus": Ein System, das auf Strukturen und nicht auf bestimmten Techniken basiert"

benötigt das Haus solide Pfeiler, die tragenden Strukturen. „Just-in-Time" und „Jidoka" stellen die Säulen des Toyota Produktionssystems dar, sie geben den Rahmen für die Zielerreichung vor. Das Fundament und Mittelpunkt bildet „Kaizen", das Streben nach kontinuierlicher Verbesserung. Auch der Mitarbeiter wird als ein Mittelpunkt des Toyota-Hauses dargestellt. Innerhalb dieses metaphorischen Gebildes lassen sich alle Ansätze und Vorgehensweise einordnen.

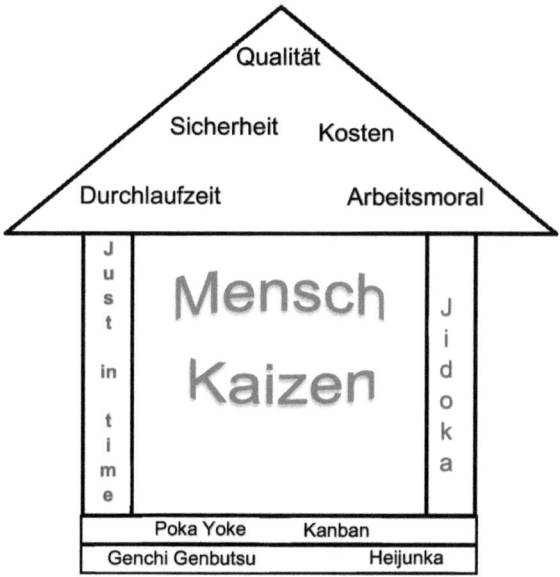

Abbildung 2: Das TPS-Haus

Eigene Darstellung in Anlehnung an Toyota Material Handling, 2010, S. 5; Liker, J. K.: 2013, 3. Kapitel, Absatz „Das Diagramm „TPS-Haus": Ein System, das auf Strukturen und nicht auf bestimmten Techniken basiert"

Neben „Just-in-Time", „Jidoka" und „Kaizen" gibt es einen weiteren fundamentalen Faktor, auf den wegen seiner herausragenden Bedeutung hier besonders eingegangen werden soll. Toyotas Produktionssystem entstand aus wirtschaftlicher Knappheit. Sowohl Rohstoffe, finanzielle Mittel, als auch Abnehmer waren in den Jahren nach dem Zweiten Weltkrieg in Japan knapp.[80] Unter anderem darin begründet dürfte einer der wichtigsten Kernpunkte des Produktionssystems liegen: Die absolute, strikte Vermeidung von „Muda", Verschwendungen jeglicher Art. Taiichi Ohno –maßgeblich beteiligt am System– entwickelte sieben Arten der Verschwendung, die sich über sämtliche Unternehmensbereiche erstrecken.

1. Überproduktion: Waren und Rohstoffe, die vom Kunden nicht abgekauft werden. Hierin ist die schlimmste Form der Verschwendung zu sehen.

2. Wartezeiten: Fehlmengenbedingter Stillstand von Mensch und Maschine.

3. Zu lange oder unnötige Transportwege: Material wird unsinnig bewegt und verursacht dadurch Kosten und verschwendet Mitarbeiter- und Maschinenkapazitäten.

4. Unzureichende Organisation im Arbeitsprozess: Unnötige oder verbesserungswürdige Arbeitsschritte vermindern die Produktivität. Auch die Produktion mit zu hoher Qualität fällt darunter.

5. Lagerbestand: Ein zu großer Bestand an Materialien bedingt längere Durchlaufzeiten und Kosten für die Lagerung.

6. Nicht notwendige Bewegungen: Jeder Handgriff, den ein Mitarbeiter nicht zwangsweise für die Wertschöpfung ausführt, sollte vermieden werden.

7. Fehler: Jedes qualitativ unzureichende Bauteil, jede Reparatur und jede Nachbesserung sind Verschwendung und daher von Vornherein zu vermeiden.[81]

---

[80] Vgl. Liker, J. K.: 2013, 2. Kapitel, Absatz „Die Entwicklung des Toyota-Produktionssystems (TPS)"
[81] Vgl. Liker, J. K.: 2013, 3. Kapitel, 6. Absatz

4.2 Just-in-Time

Das Prinzip „Just-in-Time" ist eine der Grundlagen im Toyota Produktionssystem. Es steht kurz gesagt für die zeitnahe Anlieferung von Teilen am jeweiligen Punkt des Prozesses. Es setzt sich jedoch aus mehreren Überlegungen und Prinzipien zusammen. Die Taktzeit gibt an, wie der Produktionsrhythmus läuft, sodass der Kundenbedarf möglichst genau gedeckt ist. Damit soll sowohl Über- als auch Unterproduktion vermieden werden. Weiterhin wird das sogenannte Flow-Prinzip berücksichtigt, was der Sicherstellung eines kontinuierlichen Produktionsflusses dient. Das Pull-System sorgt dafür, dass keine Produktion erfolgt, wenn keine Abnahme vorhanden ist. Es ist das Gegenteil zum Push-System, bei dem die maximale Produktionsauslastung tragender Gesichtspunkt ist, und notfalls „auf Lager" produziert wird. Das Just-in-Time Prinzip besagt aber auch, dass Rüstzeiten möglichst kurz zu halten sind, und benötigt eine ausgefeilte, integrierte Logistik.[82]

4.3 Jidoka

Die rechte tragende Säule des betrachteten Produktionssystems und für die Einhaltung der Qualität verantwortlich. Auch das Jidoka besteht aus verschiedenen Prinzipien. Es kann als „Automation mit einer menschlichen Note" übersetzt werden. Kernpunkte dieses Prinzips sind beispielsweise ein höchstmöglicher Grad an Automatisierung, was sowohl ein hohes Qualitätsniveau, als auch eine möglichst gleichbleibende Produktionsgeschwindigkeit mit sich bringen soll. Die Andon-Tafel zeigt als Teil des Jidoka den Status der aktuellen Produktion in Echtzeit an. Treten Fehler oder Anomalien auf, wird das für jeden Mitarbeiter und das Management direkt sichtbar. Die Mitarbeiter haben selbständig Qualitätsprüfungen vorzunehmen, und sind befugt, die gesamte Produktionslinie notfalls anzuhalten, um Fehler unmittelbar und nachhaltig auszuräumen. Insbesondere die hohe Eigenverantwortlichkeit an dieser Stelle ist mitunter schwer vorstellbar, denkt man an den üblichen Anblick der Fließbandproduktion. Dieser Faktor begünstigt

---

[82] Vgl. Töpfer, A.: 2009, S. 35-37

aber auch eine hohe Arbeitsmoral bei den Mitarbeitern.[83] Eine weitere Lehre innerhalb des Jidoka ist das Poka-Yoke. Das Poka-Yoke beschreibt eine Ausstattung des Arbeitsplatzes, der menschliche Fehler weitestgehend ausschließen soll. Entsprechend eindeutig gekennzeichnete Werkzeuge, Arbeitsmittel und Arbeitsplätze sollen dazu beitragen.[84]

4.4 Kaizen

Der Begriff war bereits im Rahmen der Beschreibung des „Toyota Way" gefallen. Kaizen bedeutet wörtlich Kai = Veränderung und Zen = zum Besseren.[85] Dabei umfasst die These des Kaizen nicht eine einmalige oder wiederkehrende Verbesserung durch gezielte Maßnahmen, sondern einen täglichen, stetigen Prozess; auf Verbesserung durch einmalige Innovationen kommt es hier nicht in erster Linie an.[86] Als überzeugendes zahlenmäßiges Argument für den Erfolg der kontinuierlichen Verbesserung -und vor allem der sehr aktiven Einbeziehung der Mitarbeiter- sind 47 Millionen Euro Einsparung, die AUDI im Jahr 2005 durch Verbesserungsvorschläge der Mitarbeiter verzeichnen konnte.[87] Dabei wurden die eingereichten Vorschläge nicht unbedacht umgesetzt, sondern anhand der „5 Warum Fragen" auf logischen Inhalt der Änderung untersucht.

---

[83] Vgl. Liker, J. K.: 2013, 16. Kapitel, Absatz „Menschen sind die Motoren der kontinuierlichen Verbesserung"
[84] Vgl. Toyota Material Handling, 2010, S. 11
[85] Vgl. Gründerszene (2018)
[86] Vgl. TQM Training & Consulting (2018)
[87] Vgl. Wannenwetsch, H.: 2010, S. 600

Ebenfalls fünfstufig sind die Überlegungen zur effektiven und effizienten Gestaltung der Arbeitsplätze.

Abbildung 3: Die "5 S"

Eigene Darstellung in Anlehnung an Liker, J. K.: 2013, 13. Kapitel, Absatz „Das Prinzip – Aufräumen und visualisieren"

Über das Produktionssystem von Toyota und seine grundlegende Weltanschauung des „Toyota Way" ließe sich noch sehr umfangreich ausführen. Auf Begriffe wie Genchi Genbutsu, Heijunka oder das sehr weit verbreitete Kanban wurde an dieser Stelle noch nicht einmal eingegangen. Toyota's Produktionssystem ist kein mittelgroßes Set an Möglichkeiten zur Zielerreichung, sondern ein umfassendes Weltbild. Die Lehren von Taichii Ohno wurden in erheblichem Umfang aufgegriffen und von anderen Unternehmen angewendet. Als Beispiele hierfür könnte das „Mercedes-Benz Produktionssystem" oder die „Kontinuierliche Verbesserung" der Bundesagentur für Arbeit dienen.[88] Doch eine so umfassende Unternehmenskultur wie es Toyota geschaffen hat, konnte bislang kein zweites Mal erreicht werden.[89]

---

[88] Vgl. Bundesagentur für Arbeit: Hega 10/15 (2015)
[89] Ehrke, M.: 2008, S. 2

Literaturverzeichnis

(o.V.) Wirtschaftslexikon24. (kein Datum). Chargenfertigung. (Wirtschaftslexikon24.com, Hrsg.) Abgerufen am 10. März 2018 von http://www.wirtschaftslexikon24.com/d/chargenfertigung/chargenfertigung.htm

(o.V.) Wirtschaftslexikon24. (kein Datum). Serienfertigung. (Wirtschaftslexikon24.com, Hrsg.) Abgerufen am 10. März 2018 von http://www.wirtschaftslexikon24.com/d/serienfertigung-serienproduktion/serienfertigung-serienproduktion.htm

(o.V.), Wirtschaftslexikon24. (kein Datum). Sortenfertigung. (Wirtschaftslexikon24.com, Hrsg.) Abgerufen am 10. März 2018 von http://www.wirtschaftslexikon24.com/d/sortenfertigung/sortenfertigung.htm

Blohm, H. et al. (2016). *Produktionswirtschaft: Potenziale. Prozesse. Produkte. (5. Aufl.).* Herne.

Böing, N. (kein Datum). *Zentrale für Unterrichtsmedien im Internet e. V.* Abgerufen am 10. März 2018 von https://www.zum.de/Faecher/kurse/boeing/udb/prod/Fertigungstypen-Loesung.pdf

Bundesagentur für Arbeit. (2015). *HEGA 10/15 - 6 Weiterentwicklung der Kontinuierlichen Verbesserung in der Bundesagentur für Arbeit.* Abgerufen am 10. März 2018 von https://www3.arbeitsagentur.de/web/wcm/idc/groups/public/documents/webdatei/mdaw/mjax/~edisp/egov-content503805.pdf?_ba.sid=EGOV-CONTENT503808

Duden. (2018). Abgerufen am 10. März 2018 von https://www.duden.de/node/676736/revisions/1628515/view

Ehrke, M. (2008). *ISF München - Institut für Sozialwissenschaftliche Forschung e.V. (IG Metall).* Abgerufen am 10. März 2018 von http://www.isf-muenchen.de/pdf/IGM-Toyota-Broschuere.pdf

Heide, D. (14. Februar 2013). Wem Nestlé das Wasser abgräbt. Abgerufen am 10. Februar 2018 von http://www.handelsblatt.com/unternehmen/handel-konsumgueter/lebensmittelkonzern-wem-nestle-das-wasser-abgraebt/7782074-all.html

Kade-Lamprecht, E. (2013). *Absatz, Studienbrief der SRH Fernhochschule.* Riedlingen.

Kluck, D./ Prill, M.-A./ Ornau, F. (2014). *Materialwirtschaft, 6. Aufl., Studienbrief der SRH Fernhochschule.* Riedlingen.

Liker, J. K. (2013). Der Toyota Weg - 14 Managementprinzipien des weltweit erfolgreichsten Automobilkonzerns (8. Aufl.). (ePub). München.

o.V. Gründerszene. (kein Datum). Kaizen. Abgerufen am 10. März 2018 von https://www.gruenderszene.de/lexikon/begriffe/kaizen

Piontek, J. (1997). *Global Sourcing.* München.

Schneeweiß, C. (1987). *Einführung in die Produktionswirtschaft .* Berlin/Heidelberg.

Schulte, C. (1999). *Logistik: Wege zur Optimierung des Material- und Informationsflusses, 3. Aufl.* München.

Töpfer, A. (2009). Lean Management und Six Sigma: Die wirkungsvolle Kombination von zwei Konzepten für schnelle Prozesse und fehlerfreie Qualität. In A. Töpfer, *Lean Six Sigma - Erfolgreiche Kombination von Lean Management, Six Sigma und Design for Six Sigma.* Berlin/Heidelberg.

Toyota Material Handling. (2010). *Das Toyota Produktionssystem - und seine Bedeutung für das Geschäft.*

TQM Training & Consulting. (2018). *TQM Training & Consulting – eine Marke der WEKA Akademie GmbH.* Abgerufen am 10. März 2018 von https://www.tqm.com/consulting/kaizen/

Wannenwetsch, H. (2010). *Integrierte Materialwirtschaft und Logistik, 4. Aufl.* Berlin/Heidelberg.

Welt der BWL (o.V.). (kein Datum). Einzelfertigung. Abgerufen am 10. März 2018 von http://www.welt-der-bwl.de/Einzelfertigung

Wildemann, H. (2006). Global Sourcing - Erfolg versprechende Strategieableitung. In T. Blecker, & H. Gemünden, *Wertschöpfungsnetzwerke: Festschrift für Bernd Kaluza* (S. 253-268). Berlin.

Zeuch, M. (1. Februar 1998). Global Sourcing - ein Muß für jedes Unternehmen? Abgerufen am 2018. März 10 von https://beschaffung-aktuell.industrie.de/allgemein/global-sourcing-ein-muss-fuer-jedes-unternehmen/